CATALOGUE

D'UN TRÈS-BEAU CHOIX

de

PORTRAITS

ANCIENS

ÉPREUVES AVANT LA LETTRE OU DE REMARQUE

PAR

N. Béatrizet, les Drevet, G. Édelinck
J. Fornazeris, L. Gaultier, Th. de Leu, J. Morin, A. Masson, R. Nanteuil
V. Schuppen, les Wierrix, etc.

PORTRAITS DU XVIIIe SIÈCLE

Mme de Pompadour, par ANSELIN — Mme Du Barry, par BEAUVARLET

ÉPREUVES AVANT LA LETTRE

Dont la vente aux enchères publiques aura lieu

HOTEL DROUOT, SALLE N° 4

Le Jeudi 9 Mai 1878

A DEUX HEURES PRÉCISES

Par le ministère de Me **MAURICE DELESTRE**, Commissaire-Priseur
rue Drouot, 27.

Assisté de **MM. DANLOS fils** et **DELISLE**, Marchands d'Estampes,
quai Malaquais, 15.

EXPOSITION PUBLIQUE AVANT LA VENTE

PARIS — 1878

CONDITIONS DE LA VENTE

Elle sera faite au comptant.

Les Acquéreurs paieront CINQ POUR CENT en sus des adjudications.

MM. DANLOS fils et DELISLE, chargés de diriger la Vente, se réservent la faculté de rassembler ou de diviser les lots.

Les amateurs de gravures se divisent généralement en deux catégories distinctes ; ceux qui ont l'ambition d'avoir complets les maîtres qu'ils préfèrent ou les genres qu'ils collectionnent et ceux qui se bornent à un choix très-pur et très-raisonné, à une réunion restreinte mais sans aucune tache, des quelques pièces de premier ordre qu'on peut trouver dans le genre qu'ils ont choisi et vers lequel leur goût, la forme de leur imagination les auront poussés. Les premiers sont réduits principalement par la quantité, les seconds uniquement par la qualité et nous n'hésitons pas à nous ranger parmi ces derniers.

La petite, très-petite collection de portraits dont le détail suit ci-dessous et que nous présentons aujourd'hui au public, appartient à le deuxième des catégories que nous avons signalées plus haut. Formée par un homme de goût et de savoir, par un connaisseur du tact le plus sûr dans la recherche et le discernement des œuvres d'art, nous ne craignons pas de la recommander à l'attention des amateurs, certain d'avance qu'ils nous en sauront gré et que leur empressement à acquérir telle ou telle pièce de cette collection choisie nous donnera pleinement raison.

Les deux portefeuilles dont se compose la vente du 9 mai, ne contiennent que des portraits. La mode est revenue à ces charmants spécimens de la gravure française, à cette manifestation de notre art national, si précieuse au double point de vue esthétique et historique. Nous n'entrerons pas dans le détail des pièces que MM. Danlos et Delisle sont chargés de décrire. Nous nous bornerons à prévenir les amateurs qu'ils trouverons représentés ici, en très-belles et rares épreuves, les plus grands maîtres de la gravure française.

E. BOCHER.

DÉSIGNATION

ALIX (P-M.)

1 — **Voltaire** (F.-M. Arouet de). gravé en couleurs d'après Garneray. In-4.

Très-belle épreuve.

ANONYMES

2 — **Favart** (Madame), de la Comédie Italienne, dans le rôle de Ninette, gravé d'après Boucher, in-8.

Très-belle épreuve. Rare.

3 — **Anne-d'Autriche**, reine-régente de France, ayant à ses côtés Louis XIV et Philippe de France, enfants, au fond, la bataille de Rocroy. Gr. in-fol. en largeur.

Très-belle épreuve.

ANSELIN (J.-L.)

4 — **Pompadour** (Madame la Marquise de) en belle Jardinière, d'après C. Vanloo.

Superbe épreuve avant la lettre. Marge.

BALECHOU (J.-J.)

5 — **Loiserolle** (Mademoiselle), sœur de Madame Aved, tenant un rouet sur ses genoux, d'après Aved, in-f.

Très-belle et très-rare épreuve avant toutes lettres.

BARY (H.)

6 — **La Vallière** (Louise-Françoise duchesse de).

Très-belle épreuve.

BAUSE (J.-F.)

7 — **Pierre-le-Grand**, empereur de Russie. D'après le tableau que fit à Paris, lors de son passage en 1717, le peintre Leroy; in-f.

Très-belle épreuve avec une grande marge.

BEATRIZET (N.)

8 — **Henri II**, roi de France, d'après L. Penni. Gr. in-f, (R. D. 40.)

Superbe épreuve du 1er état; la tête est vue de profil; elle a une petite marge. Très-rare de cette qualité.

BEAUVARLET (J.-F.)

9 — **Bourgogne** (Louis-Joseph-Xavier duc de), d'après Fredou; in-8.

Très-belle épreuve avec marge.

10 — **Du Barry** (Madame la comtesse), en costume de chasse, d'après Drouais; in-f.

Superbe épreuve avant la lettre.

11 — Molière (J.-B. Poquelin), d'après S. Bourdon; in-fol.

Superbe épreuve avant la dédicace. Grande marge.

BOUILLARD

12 — **France** (Marie-Thérèse-Charlotte de).

Très-belle épreuve avec une grande marge.

BOISSARD (R.)

13 — **Bourbon** (Henri II de), prince de Condé, à l'âge de neuf ans (1596); in fol.

Très-belle épreuve. Rare.

14 — **Henri IV**, à cheval, revêtu d'une riche armure; in-fol.

Très-belle épreuve. Fort rare.

BOIZOT (M.-L.-A.)

15 — **Artois** (Charles-Philippe comte d'), d'après L. S. Boizot ; in-4.

Très-belle épreuve.

CARMONTELLE (L.-C. DE)

16 — **Bezenval** (Le baron de) en pied. Petit in-f.

Très-belle épreuve avec toute sa marge.

CASA (N. DELLA)

17 — **Charles V**, empereur d'Allemagne ; gr. in-f. (R. D. 3).

Superbe épreuve en parfaite condition. La marge est couverte de salissures de burin.

CATHELIN (L.-J.)

18 — **Artois** (Marie-Thérèse de Savoie, comtesse d'), d'après Drouais ; in-4.

Très-belle et très-rare épreuve avant toutes lettres. Grande marge.

19 — **Marie-Antoinette**, reine de France, d'après Fredou ; in-fol.

Très-belle épreuve.

CAYLUS (LE COMTE DE)

20 — **Voltaire**, en pied, vu de profil, se promenant dans la campagne. Signé et daté. *Paris*, 1778 ; *C.*

Très-belle épreuve avec une grande marge. Rare.

CHEREAU (FR.)

21 — **Pardaillan de Gondrin** (Louis-Antoine de), duc d'Antin, d'après H. Rigaud ; in-fol.

Superbe épreuve avant toute lettre.

COCK (EXC.)

22 — **François II**, roi de France, **Marie Stuart**, reine d'Ecosse, sa femme. Deux pièces petit in-4.

Très-belles épreuves avec de petites marges. Rares.

DAULLÉ (J.)

23 — **Louis XV**, roi de France, d'après H. Rigaud ; in-fol.

Superbe et très-rare épreuve avant toutes lettres. Non décrit.

DARET (B.)

24 — **Louis XIII**, roi de France. — Anne d'Autriche reine de France, sa femme. Deux portraits équestres en regard l'un de l'autre sur la même feuille. Au fond, la vue du château de Saint-Germain-en-Laye ; in-fol. en largeur, 1640.

Très-belle épreuve remargée. Rare.

DREVET (P.)

25 — **Beauvau** (René-François de), archevêque de Narbonne, d'après H. Rigaud ; in-f. (F. D. 17).

Très-belle épreuve.

26 — **Boileau-Despréaux** (Nic.), d'après H. Rigaud. (F. 24.)

Très-belle épreuve du premier état avant la lettre.

26 *bis* — **Cotte** (Robert de), architecte ; in-f. (F. D. 34.) —

Très-belle épreuve avant le mot *Architecte*.

27 — **Philippe V**, roi d'Espagne, d'après H. Rigaud ; in-f. (F. D. 41.)

Très-belle épreuve du premier état.

28 — **Forest** (Jean), peintre, d'après N. de Largillière ; in-f. (F. D. 49.)

Très-belle et rare épreuve du second état avant toutes lettres, mais avec certains travaux additionnels, notamment les troisièmes contre-tailles sur l'épaule gauche du personnage, pour l'arrondir et la mieux détacher du fauteuil.

29 — **Louis**, dauphin de France, d'après H. Rigaud (R. D. 56.)

Superbe épreuve du premier état avant toute lettre.

30 — **Bourgogne** (Louis de France duc de), d'après H. Rigaud, in-f. (F. D. 57.)

Très-belle épreuve du second état avant la lettre, mais avec les noms des artistes.

DREVET (P.)

31 — **Louis XV**, roi de France, d'après H. Rigaud ; in-f. (F. D. 59.)

Superbe épreuve. Rare de cette qualité.

32 — **Toulouse** (Louise-Alexandre de Bourbon, comte de), amiral de France, d'après H. Rigaud ; in-f. (F. D. 64).

Superbe et très-rare épreuve du premier état avant la suppression des deux ancres placées en sautoir derrière le cartouche renfermant les armoiries.

33 — **Noailles** (Adrien-Maurice duc de), maréchal de France ; in-f. (F. D. 102.)

Très-belle épreuve.

34 — **Villars** (Claude-Louis-Hector, duc de) maréchal de France, d'après H. Rigaud ; in-fol. (F. D. 123.)

Très-belle épreuve du troisième état avant que l'inscription en neuf lignes ait été réduite à six.

35 — **Bossuet** (Jacques-Benigne), évêque de Meaux, d'après H. Rigaud ; in-f. (F. 12.)

Superbe épreuve avant les points à la suite du nom de Rigaud.

36 — **Dubois** (Guillaume cardinal), archevêque de Cambrai, d'après H. Rigaud ; in-f. (F. D. 15.)

Très-belle épreuve avec une très-grande marge.

37 — **Orléans** (Elisabeth-Charlotte de Bavière, duchesse d'), mère du Régent, d'après H. Rigaud ; in-8. (F. D. 17.)

Très-belle épreuve avant la lettre au verso. Grande marge.

38 — **Orléans** (Louise-Adélaïde d'), abbesse de Chelles, d'après Gobert ; in-f. (F. D. 19).

Très-belle épreuve avec une grande marge.

39 — **Orléans** (Louis d'), fils du Régent, d'après Ch. Coypel, in-4. (F. D. 21.)

Très-belle épreuve du premier état.

40 — **Lecouvreur** (Adrienne), célèbre tragédienne, d'après Ch. Coypel ; in-f. (F. D. 24.)

Superbe et rare épreuve avant l'ê au mot *modèle*.

DUPIN (N.)

41 — **Artois** (Charles-Philippe comte d'), d'après Hall; gr. in-4.

Très-belle épreuve avec marge.

EDELINCK (G.)

42 — **Bourgogne** (Louis, petit-fils de France, duc de), d'après De Troy; in-f. (R. D. 158.)

Très-belle épreuve avec une petite marge.

43 — **Desjardins** (Martin vanden Bogaert, connu sous le nom de), célèbre sculpteur, d'après H. Rigaud; in-f. (R. D. 182).

Très-belle et rare épreuve du second des quatre états décrits; elle est avant l'adresse de Drevet.

44 — **Galles** (Jacques-François-Edouard prince de), d'après F. de Troy., in-f. (R. D. 212.)

Superbe et très-rare épreuve du premier état avant la lettre; l'angle droit du bas a été refait.

EDELINCK (N.)

45 — **Sévigné** (Marie de Rabutin-Chantal, marquise de), d'après Nanteuil; in-8.

Très-belle épreuve avec le trait d'union entre les noms *Rabutin* et *Chantal*. Petite marge.

FALCK (J.)

46 — **Louis XIII**, roi de France, d'après J. d'Egmont; in-fol.

Superbe épreuve.

FLIPART (J.-J.)

47 — **Favart** (Madame), de la Comédie Italienne, d'après C. N. Cochin le fils; in-8.

Très-belle épreuve avant le mot *Frontispice*.

FIRENS (P.)

48 — **Henri IV**, roi de France, en buste; il est revêtu du manteau royal et décoré des ordres de Saint-Michel et du Saint-Esprit; in-f.

Superbe épreuve. Très-rare.

49 — *Portraict de defunct roy Henri le Grand IIII du nom, roy de France et de Navarre*, sur son *lict de deuil*, in-4.

Superbe épreuve. Très-rare.

50 — Le couronnement de Louis XIII, à Reims, le 17 octobre 1610; d'après Fr. Quesnel; in-f.

Très-belle épreuve.

FORNAZERIS (J. DE)

51 — **Savoie** (Charles-Emmanuel duc de), portrait équestre; in-f. (R. D. 55.)

Superbe épreuve, avec une petite marge, d'une pièce très-intéressante et extrêmement rare; elle a quelques déchirures occasionnées par le pli du milieu.

GANTREL (St.)

52 — **Rochechouard de Mortemart** (Marie-Mad.-Gab. de), abbesse-chef et générale de l'abbaye et ordre de Fontevrault, 1693; in-f.

Superbe épreuve. Très-rare.

GAULTIER (L.)

53 — **Henri IV**, roi de France, au milieu de sa famille et des seigneurs de sa cour, 1602; in-fol.

Superbe épreuve. Très-rare.

54 — *Le sceptre de Milice.* **Henri IV**, en pied, couvert d'une riche armure, tenant un glaive; à ses pieds sont: à gauche, un Casque; à droite, l'Hydre dont les sept têtes sont coupées; in-4.

Très-belle épreuve. Fort rare.

GAUCHER (C.-S.)

55 — **France** (Louis-Auguste Dauphin de), d'après J. B. A. Gautier, in-f.

Très-belle épreuve avec marge. Rare.

GHEYN (Jacques de)

56 — **Bourbon** Henri de), premier prince de Condé ; in-8.

Très-belle épreuve.

GIFFART (P.)

57 — **Maintenon** (Françoise d'Aubigné, marquise de); in-fol.

Très-belle épreuve avec une petite marge.

GOLE (J.)

58 — **Montespan** (Françoise-Athénaïse de Rochechouart, marquise de) ; in-4.

Très-belle épreuve.

GOLTZIUS (Henri)

59 — **Henri IV**, roi de France, décoré des colliers des ordres de Saint-Michel et du Saint-Esprit. (B. 173.) In-f.

Superbe épreuve avec l'adresse de *P. de la Houe* biffée,

60 — **La Faille** (Nicolas de), célèbre capitaine, et Cornélia **Capellen**, sa femme. Deux pièces petit in-4. (B. 212 et 213.)

Magnifiques épreuves avec une petite marge.

GOURDELLE (Exc.)

61 — **Bourbon** (Charles de), archevêque de Rouen ; in-8.

Belle épreuve.

HOGENBERG (F.)

62 — **Charles IX**, roi de France, en pied.

Très-belle épreuve.

HOGENBERG (F.)

63 — **Henri III**, roi de France, dans une bordure ovale; in-fol.

Très-belle épreuve avec une grande marge.

64 — **Médicis** (Catherine de), reine de France, en pied; in-fol.

Très-belle épreuve avec une petite marge.

ISAAC (Gaspard)

65 — **La Trémoille** (Charlotte-Catherine de), seconde épouse de Henri Ier de Bourbon, prince de Condé; in-8.

Très-belle épreuve.

LARMESSIN (N. de) le Père

66 — **Louis**, cinquième du nom, vingtième Dauphin de France, d'après Beaubrun; in-f.

Très-belle épreuve. Rare.

67 — **Orléans** (Henriette Stuart, duchesse d'). Dans une bordure ovale armoriée au bas. Elle est vêtue d'un riche costume de cour et tient une guirlande de fleurs à la main; in-f.

Superbe épreuve. Excessivement rare.

68 — **La Vallière** (Louise de La Baume Le Blanc duchesse de). Dans une bordure ovale armoriée au bas. Elle est vêtue d'un riche costume et tient un fruit à la main; in-fol.

Très-belle épreuve.

69 — **Louis XV**, roi de France, d'après Vanloo, in-fol.

Très-belle épreuve.

LASNE (M.)

70 — **Louis XIII**, roi de France, à cheval, précédé de la Renommée portée sur des nuages, et publiant ses exploits. Le fond, représentant la bataille de Veillane, est gravé par Callot.

Superbe épreuve.

71 — **Louis XIII**, roi de France. Petit in-4.

Très-belle épreuve.

LE BEAU

72 — **Duthey** (Mademoiselle), de l'Opéra, d'après L'Aine; in-8.

Très-belle épreuve avec toute sa marge.

73 — **Anne d'Autriche**, reine de France, assise en costume de veuve, d'après Th. de Champaigne; in-f.

Très-belle épreuve.

LEU (Th. de)

74 — **Bar** (Henri de Lorraine, duc de), marquis du Pont. (In-8. R. D. 306.)

Superbe épreuve.

75 — **Bar** (Henri de Lorraine, duc de), marquis du Pont. — Catherine de **Bourbon**, duchesse de Bar, sa femme. Deux portraits petit in-4. (R. D. 307 et 311.)

Très-belles épreuves avec de grandes marges.

76 — **Bourbon** (Catherine de), sœur du roi. (R. D. 310.)

Superbe épreuve. Très-rare.

77 — **Bourbon-Condé** (Henri II de), à l'âge de huit ans. (R. D. 340.)

Très-belle épreuve du premier état. Fort rare.

78 — **Conti** (Jeanne de Cocesme princesse de), in-8. (R. D. 350.)

Superbe épreuve du premier état avant la correction au mot *Cocesme*.

LEU (Th. de)

79 — **Henri IV**, roi de France. In-8. (R. D. 399.)

Superbe épreuve.

80 — **Nemours** (Henri de Savoie, duc de). In-8. (R. D. 466).

Belle épreuve.

81 — **Strozzi** (Ph.), colonel général de l'infanterie française (R. D. 491).

Très-belle épreuve. Rare.

82 — **Verneuil** (Henriette de Balzac, marquise de), in-8 (R. D. 501).

Magnifique épreuve. Extrêmement rare de cette qualité.

82 *bis* — La même estampe.

Très-belle épreuve.

83 — **Estrées** (Gabrielle d'). (R. D. 366).

Très-belle épreuve.

LEU (Manière de Thomas de)

84 — **Marie Stuart**, reine d'Écosse, dans une bordure ovale entourée de figures allégoriques et de scènes de son exécution. In-fol.

Belle épreuve dont la marge du bas a été rapportée. Très-rare.

85 — **Guise** (Henri de Lorraine, duc de), surnommé le Balafré. In-8.

Superbe épreuve. Très-rare.

LIPS (H.)

86 — **Necker** (Madame).

Très-belle épreuve avec une grande marge.

MASSON (Ant.)

87 — **Anne d'Autriche**, reine de France, d'après P. Mignard. Buste presque fort comme nature. Gr. in-fol., 1665. (R. D. 11).

Très-belle épreuve.

MONTAGNE (N. de Platte)

88 — **Marie de Médicis**, reine de France, d'après Porbus. In-fol. (R. D. 25).

Très-belle épreuve.

MASSON (Ant.)

89 — **Guise** (Marie de Lorraine, duchesse de), d'après Mignard (R. D. 32).

Très-belle épreuve avant le lapin après le mot *pinxit*.

90 — **Louis**, dauphin de France. Buste fort comme nature. Très-gr. in-fol. (L. D. 46).

Très-belle épreuve du second état; le personnage a la tête couverte d'un chapeau.

MORIN (J.)

91 — **Bentivoglio** (Guido), cardinal, d'après V. Dyet. Petit in-fol. (R. D. 43).

Très-belle épreuve.

92 — **Thou** (Jacques-Augustin de), d'après Ferdinand (R. D. 79).

Superbe épreuve du premier état avant de nombreux travaux, notamment les trois grandes rides horizontales du front.

93 — **Vitré** (Antoine), imprimeur, d'après Ph. de Champagne (R. D. 88).

Magnifique épreuve avant les tailles croisées sur les cheveux. Très-rare en cet état.

MULLER (J.-G.)

94 — **Wille** (J.-G.), célèbre graveur, d'après J.-B. Greuze. In-fol.

Très-belle épreuve avec marge.

NANTEUIL (R.)

95 — **Anne d'Autriche**, reine de France, d'après Mignard. In-fol. (R. D. 22).

Superbe épreuve du troisième état.

NANTEUIL (R.)

96 — **Anne d'Autriche**, reine de France. Buste fort comme nature. Gr. in-fol. (R. D. 23).

Superbe épreuve du premier état.

97 — **Pomponne de Bellièvre**, premier président au Parlement de Paris. In-fol. (R. D. 37).

Très-belle épreuve du second état.

98 — **Christine**, reine de Suède, d'après S. Bourdon. In-fol. (R. D. 67).

Très-belle et rare épreuve du premier état. Elle a une grande marge.

99 — **Colbert** (Jean-Baptiste), contrôleur général des Finances. In-fol. (R. D. 71).

Magnifique épreuve du premier état. Elle a une petite marge et est dans un parfait état de conservation. Excessivement rare de cette qualité.

100 — **Condé** (Louis de Bourbon), onzième du nom, prince de). In-fol. (R. D. 79).

Superbe épreuve avec une petite marge. Très-rare de cette qualité.

101 — **Fouquet** (Nicolas), surintendant des Finances. In-fol. (R. D. 98).

Superbe épreuve du premier état. Elle a une grande marge et est dans un parfait état de conservation. Très-rare de cette qualité.

102 — **La Meilleraye** (Charles de la Porte, duc de), maréchal de France, d'après Justus. In-fol. (R. D. 118).

Très-belle épreuve.

103 — **Le Tellier** (Michel), ministre d'État, puis chancelier et garde des Sceaux de France. In-fol. (R. D. 134).

Superbe épreuve du premier état. Petite marge.

104 — **Loret** (Jean), poète. Gr. in-4 (R. D. 150).

Superbe épreuve du second état avant la virgule après le mot *Loret*. Très-grande marge.

105 — **Louis XIV**, roi de France. In-fol. (R. D. 153).

Très-belle épreuve du second état.

NANTEUIL (R.)

106 — **Gonzague** (Louise-Marie de), reine de Pologne. In-4 (D. R. 164).

Magnifique épreuve du premier état. Très-rare.

107 — **Mazarin** (Jules, cardinal de), ministre d'État, d'après P. Mignard. In-fol. en largeur (R. D. 186).

Superbe et très-rare épreuve du premier état. Petite marge.

108 — **Novion** (Nicolas Potier de), premier président au Parlement de Paris. In-fol. (R. D. 207).

Belle épreuve du second état.

109 — **Retz** (Jean-François-Paul de Gondi, cardinal de) (R. D. 217).

Superbe épreuve du premier état en parfaite condition. Très-rare de cette qualité.

110 — **Richelieu** (Armand-Paul Du Plessis, cardinal de). In-fol. (R. D. 218).

Très-belle épreuve du second état. Rare.

111 — **Talon** (Denis), président à mortier au Parlement de Paris. In-fol. (R. D. 228).

Très-belle épreuve.

NELLI (N.)

112 — **Charles IX**, roi de France, dans une bordure ovale entourée de figures emblématiques. In-8.

Très-belle épreuve.

NOLIN (J.-B.)

113 — **Molière** (Jean-Baptiste Poquelin de), d'après P. Mignard. In-fol.

Très-belle épreuve du portrait le plus authentique du personnage. Excessivement rare.

PICART (H.)

114 — **Montespan** (Françoise-Athénaïse de Rochechouart, marquise de). In-fol.

Superbe épreuve.

PITAU (N.)

115 — **Louis XIV**, roi de France, vu debout jusqu'aux genoux, couvert de son armure, 1670. Gr. in-fol.

Très-belle épreuve.

POILLY (F. DE)

116 — **Fabert** (Abraham), maréchal de France, d'après Ferdinand. In-fol.

Très-belle épreuve.

117 — **Louis XIV**, roi de France, d'après P. Mignard. In-fol.

Très-belle épreuve.

QUENEDEY (Gravé au physionotraste par)

118 — **France** (Louis-Xavier-François, dauphin de), premier fils de Louis XVI; Marie-Thérèse-Charlotte de France, sa sœur. Deux pièces in-8.

Très-belles épreuves avec marges. Excessivement rares.

ROGERS (W.)

119 — **Savoie** (Charles-Emmanuel, duc de), en pied. In-fol.

Très-belle épreuve. Rare.

SAINT-AUBIN (A. DE)

120 — **Chevreuse** (Marie-Charles-Louis d'**Albert**, duc de Luynes et de), colonel général des dragons, gouverneur de Paris, en pied, gravé d'après Carmontelle. Petit in-fol.

Très-belle épreuve du premier état. Marge.

121 — **Moley** (Sophie Le Coutteux du), d'après Cochin. Petit in-4.

Très-belle épreuve.

SAINT-JEAN (D'après J. de)

122 — **Louis XIV**, roi de France, en pied, assis sur son trône. Petit in-fol.

Très-belle épreuve.

SCHMIDT (G.-F.)

123 — **Mignard** (Pierre), célèbre peintre, d'après H. Rigaud. In-fol.

Très-belle épreuve du second état avant l'astérisque.

SCHUPPEN (P.-L. Van)

124 — **Arnauldt** (la Mère Angélique), abbesse de Port-Royal, d'après Ph. de Champagne, 1662. In-fol.

Superbe épreuve avec une grande marge.

125 — **Louis**, dauphin de France, d'après F. de Troy, 1684. In-fol.

Très-belle et rare épreuve avant les médaillons dans les angles. Grande marge.

126 — **Orléans** (Philippe de France, duc d'). Buste presque fort comme nature, d'après C. Le Fébure. Gr. in-fol.

Superbe épreuve. Rare.

127 — **Orléans** (Anne-Marie-Louise d'), duchesse de Montpensier. d'après G. de Sève. In-fol.

Superbe épreuve.

128 — **Retz** (Jean-François-Paul de Gondi, cardinal de), 1662. In-fol.

Superbe épreuve avec une petite marge. Très-rare de cette qualité.

SIMON (P.)

129 — **Orléans** (Anne-Marie-Louise d'), duchesse de Montpensier. Gr. in-fol.

Superbe épreuve.

SUAVIUS (L.)

130 — **Perrenot de Granvelle** (Antoine), ministre de Charles V, 1556. In-fol.

Superbe épreuve. Très-rare.

SUIDERHOEF (J.)

131 — **Descartes** (René), d'après F. Hals. In-fol.

Superbe épreuve avec l'adresse de P. Goos.

SURUGUE (L.)

132 — **Monchy** (Madame de), en habit de bal, d'après Ch. Coypel. In-fol.

Superbe épreuve avant toutes lettres. Très-rare.

TARDIEU (J.)

133 — **Lafont** (Sophie-Louise de), d'après de La Pierre, 1769. In-fol.

Superbe épreuve avant toute lettre. Marge.

134 — **Boccage** (Madame du), d'après Mlle Loir. In-fol.

Belle épreuve.

VALLET (Guillaume)

135 — **Orléans** (Anne-Marie-Louise d'), duchesse de Montpensier, d'après J. Nocret. In-fol.

Très-belle épreuve.

VERMEULEN (C.-M.)

136 — **Orléans** (Anne-Marie-Louise d'), duchesse de Montpensier, d'après H. Rigaud. In-fol.

Très-belle épreuve.

137 — **Mesmes** (Jean-Ant. de), comte d'Avaux, d'après N. de Largillière. In-fol.

Superbe épreuve avant toutes lettres et avant les emblèmes aux quatre angles. Très-rare en cet état.

VOUILLEMONT (S.)

138 — **La Rovere** (Julie-Victoire de), grande-duchesse de Toscane (R. D. 62).

Très-belle épreuve.

VOYEZ

139 — **France** (Madame M.-A.-C.-X. de), d'après Fontaine. In-8.

Très-belle épreuve.

WALDON

140 — **Pompadour** (la marquise de), d'après Boucher. In-8.

Très-belle épreuve, légèrement coloriée.

WIERRIX (Les)

141 — **Albert**, archiduc d'Autriche; Isabelle-Claire-Eugénie, infante d'Espagne, sa femme. Deux portraits in-8 de forme ovale (Al. 1835-1932).

Superbes épreuves. Très-rares.

142 — **Verneuil** (Henriette de Balzac d'Entragues, marquise de). In-fol. (Al. 1860).

Superbe et très-rare épreuve avec l'adresse de P. de la Houue biffée.

143 — **Ernest** (l'archiduc), gouverneur des Pays-Bas. In-4. (Al. 1875).

Superbe épreuve.

144 — **Henri III**, roi de France. In-fol. (Al. 1918).

Magnifique épreuve en parfaite condition. Excessivement rare de cette qualité.

145 — **Henri III**, roi de France. In-12 (Al. 1919).

Magnifique épreuve. Excessivement rare de cette qualité.

145 *bis* — La même estampe.

Superbe épreuve.

WIERRIX (J.)

146 — **Henri III**, roi de France, en buste, vu de trois quarts, dirigé vers la gauche et regardant de face. Il est coiffé d'un toquet avec aigrette. Au bas, quatre vers commençant par ces mots : *Peintre fin que ton art*, etc. In-fol. non décrit.

Superbe épreuve avant les mots *Henri III, roi de France*, dans le haut de l'estampe et avec l'adresse de P. de la Houve biffée au-dessous des vers, adresse qui, plus tard, fut remplacée par celle de Houdius. La bordure est coupée

WILLE (J.-G.)

147 — **Florentin** (Louis-Phelypeaux, comte de Saint), ministre secrétaire d'État. In-fol.

Très-belle épreuve avec marge.

148 — **Woldemar de Lowendal**, maréchal de France, d'après M. Q. de la Tour. In-fol.

Superbe et très-rare épreuve avant toutes lettres; le cartouche où sont gravées les armes est blanc.

Ves Renou, Maulde et Cock, imprs de la Compagnie des Cmissaires-Priseurs, rue de Rivoli, 144. 85806

www.ingramcontent.com/pod-product-compliance
Ingram Content Group UK Ltd.
Pitfield, Milton Keynes, MK11 3LW, UK
UKHW021153230726
13926UKWH00001B/79